AF430351

Por qué a los Flamencos no les gusta el rosa

Y otros datos curiosos sobre bípedos

Ignacio G. Valiente

Segunda Edición, mayo de 2020
Prefacio: Ignacio González
Edición, maquetación y portada: Ignacio González, 2020

*Por el final
de mi discusión
infinita.*

Índice

EXORDIO
(LO QUE FUE EL ORDIO)

Creía que estaba claro, no me gusta escribir prólogos. Bueno quizá uno o dos al año pero tres son demasiados. Así que he decidido que este prólogo lo quiero hacer en forma de historia. Es una historia real que viví en primera persona. Aunque claro, está un poco dramatizada. Pero como todo lo que tiene buen valor documental. Así que sin más dilación:

Un grupo de gente está sentada alrededor de una mesa. En un restaurante. El restaurante es acogedor. Es el tipo de lugar en el que te puedes reunir con amigos. Las mesas y las sillas son de madera. La cerveza está presente en cada mesa en la que hay clientes.

Esta mesa no es menos y la gente que está sentada a su alrededor ya lleva, por lo menos, un par de cañas. Todos se lo pasan bien. Conversan y llega un momento en la charla en el que el grupo de amigos se ríe al unísono. Uno de ellos se descojona espacialmente. Está sentado sobre una de las sillas; de aspecto gastado. Riéndose se echa hacia atrás, apoyando todo el peso sobre las dos patas traseras de la silla. En ese momento comienza a caer.

Su expresión cambia radicalmente, de la de alguien que se muere de risa a la de alguien que ve –literalmente– a la muerte acercándose. Comienza una caída durante la cual el tiempo se dilata. Mientras cae, los pensamientos se hacen eco sobre la silenciada mayoría del bar.

"Esto está pasando. Vale –respira quizá por última vez– la pregunta es la de siempre. Y claro, nosotros sabemos la respuesta que nos dan las películas. La pregunta es; ¿qué te pasa por la cabeza antes de morir? Como justo antes. Y bueno la respuesta que se nos suele venir a la mente es, pues, la de todas las películas; "la vida delante de tus ojos".

Bueno, ahora lo sé. A ver, no sé si es lo suyo saberlo antes de cumplir el cuarto de siglo. Pero lo de las películas no es del todo verdad. Es más deprimente. Lo que pasa no es tu vida en imágenes, no. Lo que pasa es todo lo que podrías haber sido. Todo lo que dejaste pasar. Todas esas cosas en las que piensas los domingos por la tarde.

Cosas con las que te sale sola la frase "bueno, si volviera a vivir". La verdad es que si no fuera porque no creo en la reencarnación, diría que esto es como un anuncio para volver a vivir. Como "inténtalo de nuevo". Pero claro, como todos los anuncios, es una puta mierda. Si fuera realidad, si volviera a vivir, todo volvería a ser igual o parecido. Y me volvería a arrepentir de lo que hago.

¿Y si esto fuera lo mejor? Vale, es decir, no me quiero poner pesimista ni nada, menos en mis últimos momentos de vida. Pero tío, he perdido un montón de tiempo en clase. No, demasiado tiempo conformándome con estar aburrido. Bueno. Por lo menos muero entre gente. Pero, tampoco me vale. Tanta gente ha pasado por mi vida, y que estos me vean morir me parece una putada. Ni ese chico que vi solo un día y del que me enamoré al instante y locamente. Ni aquella amiga de un amigo que simplemente parecía la tía más guay del mundo. Es curioso porque al final, bueno, para mí ahora mismo, la gente que más me importa no es con la que más tiempo he pasado.

Dios, vaya mierda. A ver me importa mi hermano, sí. Pero, ¿y si la gente que más me importa es gente que solo vi una o dos veces? Todo su potencial. Ya conozco a esta gente, no son tan importantes, ni siquiera Janinge. En fin. Todos nos equivocamos. Bueno, eso es demasiado genérico. Todos la cagamos muchísimo con la gente que nos importa, a veces incluso eligiéndola. Y lo peor de todo es que eso es que esas elecciones son las que van haciendo que la vida sea lo que es."

Al fin ha caído. La cara de todos los comensales se llena de tensión ante el golpe.

"Solo somos la silla de un restaurante cutre. La gente pone su culo en nosotros, nos lo pasamos bien con ellos, se van y algún día vuelven o no. Y luego llega un momento en el que irremediablemente…"

El chico sentado en la silla se levanta y el mueble está roto. Entre cinco o seis personas levantan al hombre, riendo, aliviado por el desenlace del susto.

"…nos rompemos."

PRIMERA PARTE
(POEMAS LLENOS)

Sin título I

Por primera vez
desde hace mucho tiempo
me siento
vacío.

Es decir,
acabo de cenar,
pero aun así estoy vacío.

Como cuando terminas
una serie muy larga.
No pudiendo dejar a mi
mente pensar ni dejar de pensar en
ahora qué.

Así estoy
y no puedo decidirme
entre describirme
–roto,
encerrado
en tierra y agua
o feliz–
simplemente
si alguien me preguntara
tendría que suponer que estoy
bastante bien.

Sin Título II

Sobre todo si creo que me gusta,
cuanto más pienso que me gusta,
más me gusta.

Y me gusta pensar que es normal
y que en algún momento tenía que pasar
y que me puedo perdonar
por de vez en cuando sentirme mal.

Porque después de tiempo
buscando los infinitos
lo suyo es
quedarse suspendido   —en un vacío.

Cuento sobre las siete de la tarde

Perdona
por no haberte hecho caso,
estos días
porque, además,
es lo que dijiste,
han sido perfectamente duros
para ti, paloma.

Como lo han sido
de diferente forma
los pasos morados
de luz naranja que damos todos
para llegar a un cielo,
como tú.

No tengo realmente una explicación
más que esa.

Yo no quería anochecer por no verte, anochecer,
y tú no anochecías por no anochecerme –al hacerlo.

Siempre hay luz dentro

Siempre tuve miedo
de que cada noche,
o solo algunas,
las peores,
apareciera en mi ventana
ese hombre
llamándome
y mostrándome no solo
su cara oscura
sino también la mía
en el reflejo de mi ventana.

Y ayer lo hizo.

Me llamó a la ventana
eh
amigo
puedes ayudarme
no puedo ayudarme
siquiera a mí mismo
y hoy no quiero más que huir de ti.

Con Azafrán

Las pimientas se ponen como tú, en remojo,
o se hierven como yo para ablandarlas.

Se cortan a trozos finos
y se machacan en el mortero
junto a los dientes y lenguas de ajo,
la sal de aquí –por favor–
y el azafrán.

No sé muy bien a qué sabe.
Pero se echa.

Se incorpora caliente y servil el aceite
mientras se remueve bien
y de último
se añade frío y vital el vinagre.

Poema vacío I: hijo de las rimas XV y XX

En el alma vacío lamento,
en tus ojos noche y día,
en tus labios leve viento,
tras la niebla invisible agonía

como mirada,
como sombra,
como gemido,
como tocarte,

un beso errante.

SEGUNDA PARTE
(POEMAS MEDIO LLENOS O MEDIO VACÍOS)

I: Siquiera humano

Le pido a esta ciudad, le digo,
que ardan sus farolas con piel de paja
que aún crecen y me entristecen
que ardan con mis palabras.

Y es que ahora me pregunto
si lo que se construyó vive
o si exageramos lo que vimos
o si lo vimos o si lo obviábamos,
si eran calles dentro de una jaula
o si siquiera
queda solo humo.

II: Carta a un aliado

Hoy, mientras fuera llueve
diseño capitales
sabiendo que venceré
Hoy, mientras fuera callan
dentro canto yo,
para perderse,
para perderme.
dentro lluevo yo.

III: Anquitaten

Dices que siempre se ha hecho así
que es lo que te anima a seguir
a seguir haciéndolo así
pero no te preguntas, pero no me preguntas.

No puedes hacerlo, dices, tú sólo haces
porque cómo contradecir
a tus palabras, a tus abuelos, sus abuelos y los suyos;
sígueles a donde estén, sígueles a donde estén.

Si sigo, sigues, no tengo dudas
porque lo pienso y vuelvo a resbalar
o vuelvo a atacar
o vuelvo a huir.

IV

A veces pienso que eres
más largo que antes
como enero en el recuerdo
como un alivio tardío
como un familiar muerto
y en el mismo sentido,
creo que eres lo más corto.

V: Corcho y carne

Se movieron estrellas,
crecieron bosques de cera,
la luz se volvió negra,

las aguas se enciendan,
tus ojos no vean,

que envejecerán guerras,
enmudecerán venas
y continuará mi espera.

VI: Cuatro primeros pasos

Si lo preguntase en alto
enmudeciendo por dentro
todo lo que hoy he callado

por ser poco menos que exacto
o por creer que miento
si lo preguntase en alto

o si respondes cantando
yo podré gritar quieto
todo lo que hoy he callado.

Y enmudeciendo por dentro,
será que no existen,
salto contigo y no soy exacto
y ya no estoy quieto y ya –mudo– hablo
y lo pregunto en alto.

VII: Siete segundos pasos

Cuántos años,
o mejor
cuántos siglos
harán falta

cuántos siglos
para que pueda darme cuenta
de que no puedo ayudarte,
aunque bueno,

para que pueda darme cuenta
de que es imposible ayudar a todo el mundo
por mucho que quiera
y quiero

y es imposible ayudar a todo el mundo
sin dejar de ayudarte a ti
y quiero
o bueno, no puedo dejar de querer

ayudarte a ti
y ver que me olvida
es casi como un alivio
sin el como

y ver que me olvido
es como la peor visión
sin el como
y no quiero olvidarme,

es la peor visión,
y ahora brilláis solos
y no quiero olvidarme
de encender mi bombilla.

VIII

Siento que a veces exploto,
esto es difícil de explicar,
como rebotando lo que otros
sienten hacia mí
pero con mucha más fuerza.

Lo bueno y lo malo.

Y esta hipérbole –y paradoja– es
la que me hace seguir aquí
y querer irme.

IX: Rondeau del mentiroso

Yo siempre digo la verdad
por eso sé que nunca miento
y te animo hoy a luchar contra los elementos
porque tu felicidad por horas va a cerrar
no te deseo ningún mal
pero parece que se te lleva el viento
y yo siempre digo la verdad,
por eso sé que nunca miento.

Así que coge la mochila y ponte a andar
sin conocer destino cierto
y descalzo en el cemento.
No te pasará nada, sal de la ciudad,
que yo siempre digo la verdad
por eso sé que nunca miento.

X

Por ser peri –o mejor– patético
fui el primero en llegar a la casa,
las luces apagadas y el sol medio escondido.

Con un potente senti –lo hice– miento
escalé cada ladrillo para ver la luz que baja.
Llegué casi sin aliento, y cuando miro:

no veo color sino un cón –efectivamente– clave
que se organizaba a los pies de mi ventana
dije que era el momento de dejar de esperar con un suspiro

y sin apenas sol –en el cielo–
ecismos caminé lejos de la casa
esperando nunca volver a verme.

XI

Me preocupa de verdad
cuando la tierra me habla –porque sé que está
en mi cabeza.

XII

Ojalar en un bucle infinito
repetir lo que quiero que sea
ser repetición –y repito–
vivir –tonto, terco– indefinido
con tres esperanzas en la mano
y aun así vivo en este desengaño
que convierte triunfos en peldaños
y los peldaños ahora son días
y yo soy días, semanas y años
que vuelvo a esperar, esperar un rato.

XIII: Zappai

No soy para nada fatal
–ni trágico– si
lo fuera, no escribiría.

XIV

Una estatua
hecha de agua y harina
y un poco de mí
al meterla en el horno,
–demonio rojo– razón,
endureció
y se quedó
como es ahora.

Brillante pero
muy perfecta.

XV: Ottava jita

Si quisieran, ellas piernas,
rieran ciernas –de azul y verde– y ver
entrante tente gente en hienas

que es diente diablo raro convence
efervesce ferviente si besas
que en esas trenzas zanjamos al pez.

No sintiendo de los pies noviembre
te cubrí llorando la lanza liendre.

Desde que di el primer paso fuera de mi casa sabía que algo no iba a ir como pensaba. A lo mejor pensando eso es natural que me diera tal golpe contra la realidad. No contra la realidad, contra algo que aún no sabía qué era. No quiero decir que fuese una nueva realidad. Pero lo era.

Mi conclusión
estaba ahí desde el principio,
iba a volver a donde estaba.

XVII

Hago caso a las personas
y aún no sé bien porqué.

Si me dejo llevar no me ahogo
porque soy parte de la marea.

XVIII: Un pensamiento acompasado.
Cara A

Claro, quiero,
pero el cielo
me es un peso,
mírame bien.

Me haces daño,
mira mi mano,
hoy no te amo,
y soy de papel.

Quiero llorar
y me sueltas
lo merezco,
no sé qué hacer.

XVIII: Un pensamiento acompasado
Cara B

Que no es así,
déjame a mí
imbécil.
Se enfría el té.

Vete de aquí,
piensas en ti,
ayer te vi,
qué estupidez.

Eres barniz,
un frenesí,
todo serrín.
Déjame ser.

XIX

Que no, que es imposible.
Porque no has llovido cerca de mí.
Y mi suelo está mojado.

Tú no eres, simplemente, tienes que irte
pero aquí sigues y quiero abrazarte, vete de aquí.
Es que no, que es imposible.

Por eso miré al sol y me acerqué volando
y es una mierda que seas una nube
porque no has llovido cerca de mí.

Te juro que algún día volveré sonriendo
pero hoy me voy porque sé qué quieres
porque mi suelo no está mojado.

XX

Llueve sobre mi capital
y se ve desde mi mitad
de esta nube universal
que no me va mal, no me va mal.

Se ve cómo el viento corre
noto la luz que responde
a la luna de tu monte
cortes de roce, roce de cortes.

Me siento en casa sobre ti
bajo techo esta gente
en este movimiento de elementos
este caso, solo es caos, este caos.

Y quiero aceptarlo.

XXI

No nos conocemos más
mas más triste estoy al tragar
la verdad más triste en tu umbral
que más traga triste al quemar
quemando el umbral triste aún más.

No conocemos en triste azar
es más tragar en este umbral
que quemar más en el mar
no nos conocemos.

No nos conocemos la verdad
más quemada en tu umbral
de tristes mares al tragar
y no conocemos al azar.

No nos conocemos.

XXII: Rumba blanca

No me puedes curar porque
serías medicina y la medicina

de noche no canta ni baila
ni hace daño al no mirarla cuando llora.

—

Que me han dicho que te diga
que me envuelvo químico entre tus piernas

cada vez que te asomas
a mi puerta cerrada al escucharme, triste,

cantar que maldita la pena
que descongeló todas mis lágrimas.

—

Si fueras nada que curase
podrías entrar en mí mientras entiendo

cómo a nadie le puede doler
tanto como a mi desgarrada garganta.

—

Y todos ven tus efectos
secundarios porque cuando estoy contigo;

quiero quedarme en cama
porque llorar por no tenerte es como

pensar en volver a tomar
del síntoma inicial que me dio aquella,

la pastilla que dedicabas
a la cura púrpura de toda enfermedad.

—

No me puedes curar porque
serías medicina y la medicina

de noche no canta ni baila
ni hace daño al no mirarla cuando llora.

XXIII: Novitatem

Que pesado, todo el rato
mutando y creciendo y cambiando.

Siempre buscando algo más
siempre pensando en qué será
y sin tiempo para hermanos,

padres o abuelos, solo,
sólo para seguir creciendo,
solo para crecer siguiendo

al dispuesto a comerse todo
transformando al héroe en monstruo.

ÚLTIMA PARTE
(POEMÁS VACÍOS)

Poema vacío II

No puedo terminar una frase
sin mirar por la ventana
y que cinco o seis cachorros

de león
me recuerden que esta vez
yo estoy en una jaula
y ellos no.

Poema vacío III

Hoy tengo ganas
de llenarme la boca con ideas
demasiado grandes
–demasiado vacías–
para poder tragar.

Quiero escribir un
himno a la esclavitud
de los seres insignificantes
de cualquier tipo
y una canción para los pocos
que saben que son muchos.

Porque su miseria no merece serlo
ni merece cantos
–mi miseria no merece cantos–
sino un pecho
lleno para su lomo
cansado.

Poema vacío IV

Escribir en verano es diferente a hacerlo en invierno.
Es decir, no sé si uno es mejor que otro
pero desde luego hay
una diferencia. O varias,
yo qué sé.
Porque una cosa es sentir algo
profundo y muy pensado
o
nada pensado pero oscuro e interesante
y escribir sobre ello con los pies fríos
y lluvia o nieve en la ventana.
Con las calles calladas y las casas cerradas.
Y lanzar al papel cada escarcha que te encuentras
y que te devuelva nada más que lo que le has dado.

Pero otra cosa muy diferente es sentir
desdén,
desazón
o desesperanza
en verano.
Con el sol tras el cristal
y este abierto como tus ojos
y el aire que corre
y los niños que corren
y el plan de la tarde.

Así no se puede.
Cualquiera solo puede
olvidarse
de lo que le pase,
aunque sea el rato que es verano,
y convertir todo eso
en solo dén,
sazón
y esperanza sin querer.

Porque eso no se lo puede llevar el papel
si ya se lo ha llevado la brisa.

Poema vacío V: Oda a la gente
(Oda a Bo Burnham)

Gente. Odio a la gente.
Odio a la gente.
Sin ýsis, ýes ni peros,
odio a la gente.

La gente maja es maja pero la odio si se me encaja.
Están a una mala noche de distancia
de que les quiera partir la cara.
Si ya te odio eso nunca me pasa.
Viva la gente que odio, que le den a la gente maja.

Tengo una lista,
una lista de toda la gente a la que doy pista
Nunca vista, el tipo de gente que me crispa,
puedes ser hombre, mujer o cualquier intermedio,
     la lista no es sexista.
Cuando te conozco, "¡qué pasa, artista!", y crece la lista.

La gente puede ser negra, marrón, almendra, blanca o rosa.
Puede ser alta e idiota o bajita e idiota.
Puede ser torpe, exuberante o incluso idiota,
con los cerebros lavados y ya encogidos en sus manos.

Pero otra gente puede ser preciosa, alegre e inteligente.
Puede elevar tus pensamientos de tus pies al corazón
Puede hablar sobre ciencia, sobre música o arte.
Puede ayudarte a encontrarte o hacer que te olvides de ti.

Pero no confíes en esta gente, te advierto,
te ganarán con confianza y amor y cariño.
Y después se irán para siempre, dejándote ver
ese agujero que la odiosa gente te hizo tener.

Poema vacío VI: Amantes del yoga

Me acuesto en savasana
y me levanto gritando en utkatasana,
bajo las escaleras en adho mukha svasana.
Y por fin doy un paso fuera de mi casa en virabhadrasana,
primero un pie, después el otro.

Y al verte,
ni equilibrio ni siento la tierra,
me quedo paralizado
sin inhalar ni exhalar
en tadasana.

Y rápido me escondo de ti en uttasana.
Pero aun así me saludas en trikonasana.
Namaste.
Y luego me hago el sorprendido
        y te saludo en marichyasana.
Y luego miro hacia el otro lado
        como quien no quiere la cosa.
Y tú natural, iluminada,
me dices

Quieres hacer balasana algún día de estos.

Y creo que ahora sin querer,
conecto cuerpo y mente
y por hoy,
tengo paz.

Poema vacío VII

Si es que escribo como un mono:
no pienso en qué vino antes
ni en qué vendrá después,
solo pienso en quitarme garrapatas.

Más aún, escribiendo soy un mono
pilotando un zepelín
a través de fuegos artificiales.

Incluso iría más allá;
soy un mono
en un zepelín
por fuegos artificiales
aprendiendo a leer en otro idioma.

No sé si esta metáfora se sostiene.

Sobre el autor (o algo sobre el libro).- Si vieras este libro en una estantería, probablemente, no lo cogerías. El autor consigue con toques de ironía y vivencia personal trazar elementos comunes en todo posible lector. Explora no solo su historia sino sus mundos internos y proyecciones globales de una forma sincera y viva. Pero claro, esa es su opinión. Así que ya tienes una razón para coger el libro de la estantería. Descubre si tiene razón.